Zapatos

Megan Hess

Zapatos

La auténtica elegancia

Traducción de Gemma Salvà

LUNWERG
EDITORES

Los zapatos inspiran más emociones que ningún otro elemento de nuestro vestuario.

Tanto si se trata de proyectar una imagen poderosa como una alegre o práctica, los zapatos pueden expresar nuestra personalidad o estado de ánimo mejor que ningún otro complemento. Aunque su principal objetivo sea permitirnos ir de un sitio a otro, también entrañan grandes dosis de simbolismo y de poder. Lo que elijas como calzado —ya sea unos tacones *vintage*, unos mocasines clásicos o el último modelo de zapatillas deportivas— dice mucho de quién eres.

Miu Miu

Dior

Quizá fueron los zapatos de cristal de Cenicienta, o puede que los de color rojo rubí de Dorita en *El mago de Oz*, los que me convencieron de que el calzado es mágico, porque aún hoy sigo siendo feli bajo su hechizo. Ahora, sin embargo, no solo se trata de los brillantes zapatos de los cuentos de hadas. Las Air Jordan de Michael Jordan son tan fabulosas como los Manolo Blahnik de Carrie Bradshaw, porque en cada caso reflejan a la perfección la personalidad y el estilo de vida de quien los lleva.

Me encanta el modo en que el calzado puede cambiarte el día. Unos maravillosos *stilettos* pueden hacerte sentir la mujer más segura del mundo; unas sandalias joya indican que la fiesta está a punto de empezar, y un buen par de zapatos bajos, con un decorativo perforado en las costuras y la puntera, convertirán un sencillo y práctico *look* en algo refinado y elegante. Un calzado hermoso puede darte poderes secretos, ponerte alas en los pies y hacer que un conjunto sea perfecto. Desde el momento en que te pones un par de zapatos, estos adoptan la forma de tus pies y se convierten en una extensión de tu cuerpo: pasan a ser innegablemente tuyos. Si alguna vez te has puesto los zapatos de otra persona, comprenderás lo personales que son y la estrecha relación que guardan con quien los ha llevado.

OLO B AHN
HERMÈS
PARIS
Manolo Blahnik

Yves Saint Laurent

De entre todos los zapatos que colecciono, mis predilectos son aquellos a los que recurro una y otra vez, año tras año. Tengo unas preciosas sandalias de tacón de Chanel que son infalibles. Atractivas y elegantes —como todo lo que hace Chanel—, las tiras están adornadas con flores y le dan un toque especial hasta al más sencillo de los conjuntos. Y creo que nunca pasa una semana sin que lleve unos zapatos de tacón Rockstud, de la firma Valentino, que puedo combinar con cualquier *look* imaginable.

Hace poco, también he descubierto lo maravillosas que son las *sneakers* de Louis Vuitton, y me parece increíble que haya tardado tanto en sumarme a su legión de fans. Y es que, si bien me encantan los zapatos por su aspecto, todo el calzado de mi armario tiene que cumplir una ardua misión. Incluso las más delicadas de mis sandalias deben sortear adoquines y girar sobre pistas de baile durante todo el tiempo que sea necesario. Por ello, el calzado se sitúa a caballo entre la escultura y la ingeniería, entre la moda y la funcionalidad.

Jimmy Choo

Chanel

Los mejores diseñadores de zapatos del mundo pueden definirse como artistas, pero también deben ser hábiles fabricantes. De entre todos ellos destaca el trío formado por Manolo Blahnik, Jimmy Choo y Christian Louboutin, verdaderos maestros en su oficio, así como Salvatore Ferragamo y Roger Vivier, precursores del diseño moderno. Los equipos de accesorios de las actuales firmas de moda conciben unas líneas que inspiran y fascinan, y siempre se aseguran de que su calzado cumpla con todas las expectativas.

Este libro recoge algunos de mis estilos favoritos de toda la gama de calzado: desde *kitten heels* —con su punta afilada y su tacón de apenas cuatro centímetros de alto— hasta zapatos y sandalias de plataforma, mocasines y botas. Cada hebilla, tacón, lazo, puntada, pluma y joya los convierten en objetos de deseo. Sin embargo, debo decir que solo he reunido una pequeña muestra de todos los zapatos de los que me he enamorado a lo largo de los años. Si hubiera podido ilustrar mil pares distintos, lo habría hecho.

Megan Hess

Dior

Dale a una
chica los *zapatos*
adecuados
y conquistará
el mundo.

Marilyn Monroe

—

J'ADIOR
J'ADIOR
J'ADIOR

J'Adior

de Dior

—

2017

Los zapatos de salón J'Adior combinan el encanto de la tradición con el diseño *new wave*. Lanzados como parte de la primera línea de Maria Grazia Chiuri, estos preciosos y refinados *kitten heels* son tan delicados que recuerdan a los elegantes diseños de Christian Dior y Roger Vivier. Desde su creación, la cinta bordada de los J'Adior se ha incorporado también a otros zapatos, pero estos son los que me han robado el corazón.

Christian Dior lanzó su primera línea
de calzado en los años cincuenta,
en colaboración con Roger Vivier.
Ambos crearon zapatos delicados y
femeninos, perfectos para los conjuntos
New Look de Dior. Vivier fue el primer
diseñador que concibió zapatos
específicamente para una colección de
alta costura, y su nombre aparecía en las
plantillas de todos los modelos Dior.
Aunque estudió escultura en la École des
Beaux-Arts de París, fue el precursor
de muchas innovaciones en materia de
calzado, como el tacón de aguja,
la plataforma y el tacón Choc.

Dior

Mis zapatos equivalen a *esculturas*. Son intrínsecamente franceses, una alquimia parisina del *estilo*.

Roger Vivier

—

Aiguille
de Dior

—

1954

Aunque no está claro quién fue el verdadero inventor de los zapatos de tacón de aguja —los denominados *stilettos*—, no cabe ninguna duda de que Roger Vivier encabeza la lista de posibles candidatos. El gran zapatero parisino creó los Aiguille para Dior en 1954, e incorporó una varilla de acero en el tacón para reforzarlo. Antes de los años cincuenta, los tacones se fabricaban de madera, por lo que algo tan alto y fino como un tacón de aguja no resultaba estructuralmente posible. Sin la innovación de la varilla de acero, no existirían los codiciados Blahnik y Louboutin de hoy en día.

PARIS

D-Leader

de Dior

—

2022

Dior no siempre se ha ceñido a la imagen femenina y elegante que solemos tener de esta marca. Prueba de ello es la creación de las botas de combate D-Leader, de aspecto masculino. No obstante, incluso este calzado hipermoderno hace un guiño a la historia. El icónico trenzado *cannage* impreso en la piel remite al año 1947 y a las sillas que se utilizaron en el primer desfile de Dior.

A la hora de elegir
unos *zapatos*,
nunca hay que
precipitarse…

Lo que de verdad
confirma la
elegancia de una
mujer es lo que
lleva en los pies.

Christian Dior

—

INTERIO
INTERIO

L
INTAGE
EGANTES

Naughtily-D

de Dior

—

2018

Cuando Maria Grazia Chiuri presentó estas botas en el desfile de primavera de 2018, fue como si hubiera reinventado las medias de malla. Acordonadas como un corsé, su audaz diseño recuerda a las bailarinas de cancán de París. ¡Solo son aptas para las más atrevidas!

Air Jordan

X Dior

—

2020

Cuando en la década de 1980 Michael Jordan, estrella del baloncesto, se empeñó en jugar con sus Nike Air Jordan, tuvo que hacer frente a las multas que le impuso la NBA, pero también lanzó unas de las zapatillas más emblemáticas del mundo. En 2020, la firma Dior, gran conocedora de la historia de la moda, tomó este codiciado calzado y le confirió un *look* lujoso. El diseñador Kim Jones se zambulló en los archivos de Nike y de Dior para crear unas zapatillas que rinden homenaje a ambas marcas, incluido el color gris paloma de Dior, muy similar al de las AJ1 originales.

DIOR

Calzar tus pies con *sueños* equivale a que tus propios *sueños* empiecen a cumplirse.

Roger Vivier

—

Cuissardes

de Roger Vivier

—

1961

Originariamente, las *cuissardes* —o botas de piel por encima de la rodilla— eran un estilo de calzado masculino que databa del siglo xv, pero en 1961 Roger Vivier tuvo la audacia de crear un modelo femenino. Yves Saint Laurent incluyó las *cuissardes* concebidas por Vivier en su colección de 1963. Durante la siguiente década, ambos diseñadores siguieron creando versiones únicas de este tipo de calzado.

Dior

Las *cuissardes* de Vivier todavía adquirieron mayor popularidad cuando en 1968 Brigitte Bardot lució unas para una promoción de Harley-Davidson. Al combinar las atrevidas botas por encima de la rodilla con una minifalda, la actriz creó su característico *look*, así como uno de los conjuntos más icónicos de la década de 1960.

Raf Simons incorporó unas revolucionarias *cuissardes* de charol en su desfile de alta costura de otoño de 2015 para Dior. Karl Lagerfeld, por su parte, incluía unas botas por encima de la rodilla en la pasarela de Chanel cada pocos años. La mayoría de los diseñadores siguen siendo fieles a esta tendencia.

Pilgrim

de Yves Saint Laurent

—

1964

Yves Saint Laurent trabajó con Roger Vivier cuando, con veintiún años, se hizo cargo de la firma Dior tras la muerte de su fundador en 1957. Fue Vivier quien creó los famosos zapatos de salón con puntera cuadrada y hebilla que siguen siendo famosos en Saint Laurent. Catherine Deneuve inmortalizó estos clásicos zapatos cuando en 1967 los lució en la película *Belle de jour*.

PRADA
MILANO
DAL 1913
CHANEL
CHANEL

GIVENCHY
PARIS

Nunca hay que subestimar la importancia de los *accesorios*.

Son lo que convierte un vestido en *algo más*.

Yves Saint Laurent

—

Tribute

de Yves Saint Laurent

—

2004

Francesco Russo innovó de manera radical la tendencia de los tacones altos de principios de la década de 2000 con el lanzamiento de la sandalia Tribute para YSL. El modo en el que las clientas del taller de costura de su madre se transformaban al ponerse unos zapatos de tacón fue lo que le inspiró a ser diseñador de calzado. En su opinión, esta transformación tenía que ver con la altura, y la gruesa plataforma bajo la puntera de las sandalias Tribute permite ganar una altura considerable —catorce centímetros, para ser exactos— sin sacrificar la comodidad. Fue una verdadera revolución.

Opyum

de Saint Laurent

—

2017

Los zapatos Opyum causaron un gran impacto cuando Anthony Vaccarello los presentó en la pasarela como parte de su primera colección para Saint Laurent. Su tacón escultural y sus líneas sumamente elegantes entusiasmaron a editores de moda y fans del calzado, y aún hoy siguen levantando pasiones. Pese a ser unos zapatos clásicos intemporales, no dejan a nadie indiferente y, a la vez, es imposible definirlos.

Para mí, los *zapatos*
siempre son lo
más importante,
porque son lo que
tú eres.

Cambian la forma
en que caminas,
la forma en que
te mueves.

Tom Ford

—

Ferragamo
Ferragamo

El legendario zapatero Salvatore Ferragamo ideó, junto con Roger Vivier, muchos de los estilos de zapatos que hoy vemos en las calles. Originario de Italia, emigró a Estados Unidos en 1915, con tan solo dieciséis años, justo a tiempo para presenciar el nacimiento de Hollywood.

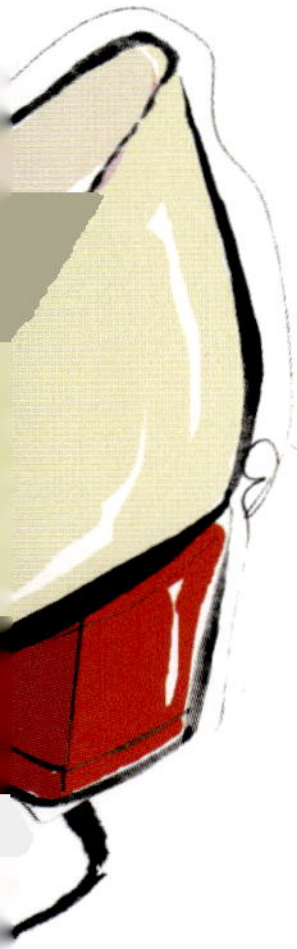

Muy pronto se le pasó a conocer como *il calzolaio delle dive* («el zapatero de las estrellas»), y entre sus clientas se contaban Marlene Dietrich, Greta Garbo, Audrey Hepburn y Brigitte Bardot. Obsesionado por la forma, estudió Anatomía en la Universidad de California con el propósito de fabricar los zapatos que ofrecieran la mayor comodidad posible.

Tacones de aguja de diez centímetros de alto

de Salvatore Ferragamo

—

Década de 1940

Marilyn Monroe era una entusiasta de Ferragamo y llevaba su calzado con devoción. Ferragamo diseñó estos zapatos de salón con un tacón de diez centímetros de alto en exclusiva para ella. Al parecer, la actriz le pidió que un tacón fuera un centímetro más alto que el otro para realzar su famoso y seductor contoneo de caderas. Cierto o no, ello acentúa el atractivo y encanto de este gran mito de Hollywood.

Vara

de Salvatore Ferragamo

—

1979

La hija de Salvatore, Fiamma, diseñó los icónicos Vara en 1979 y desde entonces no han dejado de fabricarse. En una época en la que los tacones altos causaban furor, estos elegantes zapatos de tacón medio, con un sencillo lazo en la puntera, supusieron un refrescante cambio, perfecto para las mujeres que se incorporaban en masa al mercado laboral.

Ferragamo

Una mujer que lleve un buen par de *zapatos* nunca carece de atractivo.

Coco Chanel

Slingback
de Chanel

—

1957

Diseñados por primera vez hace sesenta y cinco años, los *slingback* bicolor de Coco Chanel han sido un clásico de la moda durante más tiempo que prácticamente ningún otro calzado. Los diseñadores de Chanel los actualizan cada año, pero nunca se alejan demasiado de la combinación cromática original: *beige* para alargar la pierna y negro en la puntera para acortar el pie. Es un zapato que favorece a todo el mundo y de una elegancia incomparable. ¿Por qué cambiarlo? Según aseguró la propia Chanel, es una combinación de colores que puede emplearse desde que te levantas hasta que te acuestas.

Cuando los *slingback* aparecieron por primera vez en la década de 1940, se consideraba muy atrevido que una mujer llevara unos zapatos tan descubiertos, por lo que sobre todo los usaban las chicas *pin-up*. Hoy en día resultan apropiados incluso para las ocasiones más formales.

Yves Saint Laurent

Mocasín Horsebit

de Gucci

—

1953

No hay nada más útil que un buen par de mocasines, y Gucci creó los Horsebit en 1953, lo que significa que son anteriores incluso a los *slingback* de Chanel, por lo que tienen pleno derecho a reclamar su categoría de icono. En un principio, Aldo Gucci los concibió para una clientela masculina, pero su imperecedero diseño con elementos de temática ecuestre logró colarse también en los armarios femeninos. Calzado de estilo andrógino por excelencia, causó furor en la década de 1990 y hoy sigue siendo una opción infalible.

Zapatillas Princetown

de Gucci

2015

Durante más de seis décadas, los intemporales mocasines de Gucci apenas experimentaron ningún cambio. Fue Alessandro Michele, director creativo de la marca, quien en 2015 los reimaginó, eliminando el talón y dando lugar a las inconfundibles zapatillas Princetown. En su versión clásica o forradas de piel con pelo, se convirtieron de la noche a la mañana en todo un referente que utilizaban tanto hombres como mujeres de todo el mundo.

Marmont

de Gucci

—

2016

Alessandro Michele siguió reinventando los mocasines de la marca y en 2016 lanzó los Marmont: altísimos, con el tacón cuadrado y flecos de piel en la puntera. Para el logotipo de esta línea de calzado se inspiró en una hebilla que Gucci empleó en la década de 1970. Aunque primero se incorporó en diversos bolsos, más tarde se utilizó en estos mocasines de tacón y en muchos otros modelos de la línea Marmont.

El departamento de calzado de los grandes almacenes Saks Fifth Avenue es tan enorme que incluso cuenta con su propio código postal: 10022/SHOE. Se creó tras una inusual asociación entre Saks y el Servicio Postal de Estados Unidos para dar a entender que, debido a sus descomunales dimensiones —casi ochocientos metros cuadrados—, es un destino en sí mismo.

Saks Fifth Avenue
Saks Fifth Avenue
Prada

Rockstud

de Valentino

—

2010

Maria Grazia Chiuri y Pierpaolo Piccioli empezaron a trabajar en Valentino en 1999 y estuvieron a cargo de los accesorios antes de ocupar el puesto más alto de esta firma de lujo. Los zapatos Rockstud de Valentino son uno de los legados más reconocibles de la asociación Chiuri-Piccioli, y el motivo de las tachuelas se ha convertido en un elemento distintivo de la marca.

Un *zapato* te ofrece mucha más libertad, puedes *exagerar.*

Miuccia Prada

—

Sandalias con plumas de avestruz

de Prada

—

2017

Miuccia Prada, nieta de Mario, fundador de Prada, y una de las directoras creativas de la firma, hace que el calzado sea algo ameno e inesperado. Se arriesga, pero siempre da en el clavo: nada podría resultar más divertido que estas sandalias con plumas de avestruz; juveniles y sofisticadas a un tiempo, irradian frescura y son pura extravagancia.

Sandalias de plataforma

de Miu Miu

—

Década de 2020

La marca Miu Miu, lanzada por Miuccia Prada en 1993 como hermana menor de Prada y más asequible que esta, fabrica zapatos aún más irreverentes y originales que los de su hermana mayor. Los tacones de Miu Miu son para espíritus independientes. Estas sandalias de plataforma, con el tacón decorado con joyas incrustadas, visten de arte tus tobillos.

miu miu

Lazo y joyas
de Miu Miu

—

2016

De raso y adornados con joyas, estos zapatos presentan exactamente las líneas exageradas que transforman los tacones de Miu Miu en la estrella de cualquier conjunto. Atípico y extravagante, este calzado es reconocible en todas partes.

Louboutin

La distintiva suela roja de los zapatos de Christian Louboutin —su seña de identidad— fue fruto de una inspiración casual. Al examinar el prototipo de unos nuevos zapatos que había creado, advirtió que no había ningún elemento que llamara la atención y los hiciera destacar.

Miró a su alrededor y vio a una ayudante pintándose las uñas de rojo intenso. Se hizo con el pequeño frasco de esmalte y pronto creó la marca más conocida de la historia del calzado. Aún hoy, sigue negándose a diseñar suelas que no sean de color rojo: el color de la pasión por excelencia.

Un *zapato* sirve para mucho más que caminar.

Christian Louboutin

—

JIMMY CHOO

So Kate

de Christian Louboutin

—

2011

La suela de color rojo brillante es lo que atrae la mirada hacia un par de zapatos Louboutin, pero también sus curvas femeninas y una altura de vértigo. Louboutin es conocido por sus tacones altísimos, que alargan las piernas y hacen que las mujeres corrientes se sientan como supermodelos, por lo que no es de extrañar que estas últimas sean fans incondicionales de sus diseños. El calzado So Kate lleva el nombre de Kate Moss y fue diseñado para que la modelo lo luciera en la celebración de su boda. La estrella de la moda lleva con regularidad diferentes versiones de su zapato homónimo.

Louboutin también destaca por su tendencia a utilizar materiales transparentes: prefiere el calzado que «desnuda», y estos zapatos, elaborados con malla transparente, lo ilustran a la perfección. Cubiertos de cientos de cuentas de cristal, crean la ilusión de un pie desnudo rodeado de estrellas, como si fueran los zapatos de cristal de un cuento de hadas.

Louboutin

El molde de madera empleado para dar forma a un zapato se denomina *horma*, que procede del latín *forma*.

Para confeccionar zapatos a medida, se elabora una horma que reproduce la forma del pie del cliente. Cada modelo de zapato y cada altura de tacón requieren la elaboración de una horma nueva.

Las hormas de Louboutin se distinguen de las de la mayoría de los diseñadores por ser cortas desde la puntera hasta el talón y presentar unos arcos más altos. Además, con el paso de los años, sus proporciones se han vuelto aún más exageradas.

Los *zapatos* de Christian encierran la promesa de algo lujurioso.

Hamish Bowles

—

Los zapatos Impera, con sus detalles cortados a láser, la puntera endiabladamente afilada y unas tiras de piel que se enrollan alrededor de la pierna, son el paradigma de la seducción, pero quizá más apropiados para una Cruella de Vil que para una princesa. Sin embargo, ¿quién dijo que solo las chicas buenas tienen derecho a disfrutar de la vida? Elegantes y atrevidos, transmiten seguridad y tienen el don de realzar cualquier *look*.

En el pasado,
el término italiano *stiletto*, que
significa «estilete» o «punzón»,
se refería a una daga de hoja larga
y elegante. Al principio, los
zapatos de tacón de aguja estaban
prohibidos en algunos lugares
públicos, entre ellos el Louvre,
por los desperfectos que pudieran
causar en el suelo.

Ari

de Jimmy Choo

—

2017

Al parecer, los zapatos de tacón de Jimmy Choo, también candidatos a convertirse en zapatos de Cenicienta en la vida real, fueron modelados a partir del legendario zapato de cristal. Los centelleantes fragmentos que adornan la puntera dan a este brillante sueño una interpretación totalmente nueva. No es de extrañar que mujeres tan emblemáticas como Lady Di o Michelle Obama hayan sido defensoras incondicionales de esta marca.

VALE

TINO
VALENTINO
ALENTINO
VALENTINO
VALENTINO
VALENTINO

El *calzado* adecuado puede marcar la diferencia.

Jimmy Choo

—

Aveline

de Jimmy Choo

—

2019

Sandra Choi, sobrina de Jimmy Choo, asumió la dirección creativa de la firma en 2001 y se dispuso a crear zapatos diseñados por mujeres para mujeres. Estas sandalias Aveline, decoradas con un inmenso lazo —en un zapato, en el talón; en el otro, en la puntera—, son femeninas y fabulosas a un tiempo, e ideales para cualquier ocasión festiva.

Scotty
de Jimmy Choo

—

2021

Cubiertas por un entramado de cristales que caen en cadena, estas sandalias de ante negro son sensacionales. Han sido diseñadas para bailar y elevarán cualquier *look* a cotas deslumbrantes.

En la actualidad, Jimmy Choo fabrica algunos de los zapatos más lujosos del planeta, pero sus comienzos fueron bastante humildes. De niño trabajaba en Malasia con su padre, que era zapatero. Según afirma el propio diseñador, confeccionó su primer par de zapatos cuando apenas tenía once años. Más tarde montó su primer atelier, en colaboración con un joven Alexander McQueen, en un hospital abandonado del este de Londres.

JIMMY CHOO

Armadillo

de Alexander McQueen

—

2010

Los zapatos Armadillo, una de las piezas más icónicas de Alexander McQueen, formaron parte de la colección de primavera que en 2010 presentó el diseñador británico. Titulada «La Atlántida de Platón», sería su última colección como tal. Solo se fabricaron veintiún pares de estos zapatos visionarios, pero el impacto que ejercieron en el mundo de la moda fue incomparable. Atrevidos, inconformistas y casi imposibles de llevar, fueron el producto de un genio creativo extraordinario.

El mundo
necesita *fantasía*,
no realidad.
Ya tenemos
suficiente
realidad.

Alexander McQueen

—

Mucho antes de la colección «La Atlántida de Platón», McQueen había concebido creaciones sensacionales que exageraban, disimulaban o distorsionaban la forma del pie. Estas sandalias esculpidas juegan con formas salvajes y extremas, y rinden un justo homenaje a este genial diseñador.

PRADA
MILANO

PRADA
MILANO

Manolo Blahnik inició su carrera profesional en 1970, a instancias de Diana Vreeland, célebre editora de *Vogue*, y desde entonces ha deleitado al mundo con más de veinte mil diseños diferentes.

El maestro español del calzado esboza a mano cada nuevo diseño con pinceles de marta y acuarelas.

Perfeccionista empedernido, supervisa un estricto proceso de producción en sus talleres de Londres, en ocasiones tallando él mismo a mano las hormas de madera empleadas para moldear los zapatos.

MANOLO BLAHNIK
Manolo Blahnik

Hangisi

de Manolo Blahnik

—

2008

Los zapatos intemporales de Manolo Blahnik, gran entusiasta del arte, hacen referencia a la pintura, la arquitectura y la historia más que a las tendencias y a la moda. Blahnik se inspiró en el artista italiano Giovanni Boldini para crear el zapato Hangisi, con hebillas recubiertas de cristal de Swarovski que recuerdan a los zapatos de la nobleza francesa e italiana. Con cien colores y siete alturas de tacón distintas entre los que elegir, es uno de los modelos más populares jamás creados por el diseñador canario.

Manolo Blahnik

Todas las fans de *Sexo en Nueva York* sueñan con llegar al altar luciendo unos Hangisi, tal y como hizo Carrie después de que Mr. Big le propusiera matrimonio con un par de estos zapatos, en versión Royal Blue, en el ático que la pareja poseía en Manhattan. Al fin y al cabo, ¿hay un modo mejor de llevar algo azul el día de tu boda?

AW

de Manolo Blahnik

—

1994

Anna Wintour, la legendaria editora jefa de *Vogue*, lleva casi el mismo modelo de Manolos desde hace dos décadas y rara vez se la ve con otro calzado. Estos *slingback* de tacón bajo y en color *nude*, con dos tiras frontales que se cruzan, fueron creados específicamente para la experta en moda en 1994 y, desde entonces, Blahnik los ha ido renovando para ella. El diseñador utiliza dos tonalidades de *nude* que se adaptan con exactitud al color de la piel de Wintour, y cada vez que actualiza el diseño se lo consulta. Conocidos como *AW*, es posible que hayan visto más bailes de la Gala del Met, semanas de la moda y alfombras rojas que ningún otro zapato del mundo.

MANOLO BLAHN

Te pones
unos *tacones*
altos y eres otra
al instante.

Manolo Blahnik

—

Dior

Agradecimientos

A Emily Hart, por haber dado vida a otro maravilloso libro sobre moda. A Martina Granolic, por sumergirse de lleno en cada zapato jamás diseñado y dar con los tesoros más preciados. A Andrea Davison, por investigar con tanta minuciosidad todos y cada uno de los detalles ocultos. A Murray Batten, por crear un diseño tan distinguido y elegante para ¡el décimo libro en el que colaboramos! A Todd Rechner, por su extraordinario esmero y atención durante el proceso de llevar todos mis libros a buen puerto. A Justine Clay, porque fue la primera persona que descubrió mi trabajo y encauzó mi rumbo. A mi marido, Craig, y a mis hijos, Gwyn y Will, por ser mi mayor inspiración.

CHANEL
CHANE

Sobre la autora

Megan Hess nació para dibujar. Tras trabajar como diseñadora gráfica y directora artística, en 2008 ilustró el éxito de ventas *Sexo en Nueva York*, de Candace Bushnell. Desde entonces, su carrera como ilustradora de moda la ha llevado a crear para prestigiosos clientes de todo el mundo: retratos para *Vanity Fair*, animaciones para Prada en Milán, los escaparates de Bergdorf Goodman en Nueva York e ilustraciones en directo para desfiles de moda, como Christian Dior Couture.

Ha escrito e ilustrado varios superventas de moda, entre ellos *Little black dress. El vestido negro que cambió la moda* (Lunwerg, 2024) e *Historia de la moda en 100 vestidos* (Lunwerg, 2019).

Más información sobre la autora en:
meganhess.com